LA NAISSANCE

DE

NOTRE SEIGNEUR JÉSUS-CHRIST

PASTORALE

En trois actes et en vers français et provençaux
mêlés de chants

PAR

Louis PÉLABON, de Toulon

AUTEUR DE DIVERS OUVRAGES

TOULON

TYPOGRAPHIE ET LITHOGRAPHIE MICHEL MASSONE
Boulevard de Strasbourg, 56.

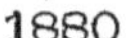

1880

LA NAISSANCE

DE

NOTRE SEIGNEUR JÉSUS=CHRIST

PASTORALE

En trois actes et en vers français et provençaux
mêlés de chants

PAR

Louis PÉLABON, de Toulon

AUTEUR DE DIVERS OUVRAGES

TOULON

TYPOGRAPHIE ET LITHOGRAPHIE MICHEL MASSONE
Boulevard de Strasbourg, 56.

—

1880

PERSONNAGES

JANET.

TOUNIN.

L'OSTE.

MARIE.

JOSEPH.

CRISTOOU.

GOUSTIN.

L'ANGE GABRIEL.

LOU CHEF DEI BERGIÉ.

1er BERGIÉ.

2e BERGIÉ.

TANTO RIGOUMÈLO.

NOURA.

NOURADO.

LOU TAMBOURINAIRE.

LOU RÉGALA.

LEI BOUIMIAN.

QUINSOUN.

LOU GIBOUS ET SA FREMO.

L'AVUGLE ET SOUN FIOU.

LES MAGES ET LEUR SUITE.

TROUPO DE BERGIÉS ET BERGIÉROS.

La scène se passe en la 40e année du règne de l'empereur César Auguste, 2,500 ans après le déluge et 4,000 ans depuis la création du monde.

Les personnes qui désireraient avoir une copie des airs notés de cette Pastorale, peuvent se la procurer en s'adressant à l'auteur, rue Saint-Cyprien, 4, à Toulon, Var.

LA NAISSANCE

DE

NOTRE SEIGNEUR JÉSUS-CHRIST

PASTORALE

Aux premier et second actes, le théâtre représente une chaine de montagnes où veillent les pasteurs à la garde de leurs troupeaux. Au pied de ces monts est une hôtellerie avoisinée de quelques vieilles maisons bordant la route qui mène à Bethléem. Le sol et les toitures sont couverts de neige. L'action commence en pleine nuit.

ACTE PREMIER.

SCÈNE PREMIÈRE.

JANET, TOUNIN.

JANET.

Ah ! segu que César nous fa courre bourrido,
Que n'en penses, Tounin ? jamai de nouastro vido
Par un tant marri tem avian trima la nuè.
Enca, per contro coou, vesen pas ren en lué
Que nous vengue, mourbiou, tira de la souffranço,
Per iou, que ti dirai, perdi touto espéranço.

TOUNIN.

Basto, vesi quoucun sus sa pouarto applanta ;
Semblo estre l'oustalié, beleou qu'ooura pièta
De nouastro pousitien que segu fa pas rire ;
Risquan-ti quoucaren, moun ami, de li dire
De vouyet ben chez eou nous douna lougeament ?

JANET.

Fai lenguo tu, Tounin, parlo-li pouliment
As lou biai per acot et fai que ta priéro

Li boulegue lóu còuar; moustrès pas de couléro,
Demouaro counven'ent.

TOUNIN, à l'oste.

Digas, móun brave ami,
N'oourias-ti pas chez vous, per nous faire dormi
Un liè, vo ben en paou de plaço à la fenièro?..
Mai que siguen eici gara de la bousquièro
Que nous gièro lou naz, es ce que demandant.

SCÈNE II.

JANET, TOUNIN, L'OSTE.

L'OSTE.

La caouvo es pas poussiblo et voudriou, meis enfant,
Pousqué vous assista d'uno parièro sorto ;
Mai tant de gent, mourbiou, coumo vaoutre, per orte,
Ant rampli ma fenièro et mai lou galatas ;
Mi pagarias bouan pris, que dins un parié cas
Mi veiriou sus lou point de refusa lei pièro
Et vous leissa trima de longuo à la carrièro.

TOUNIN.

Avez pas paou, digas, qu'en couchant oou bel er,
Virem, doou fred que fa, lei quatre ferre en l'er
Et que deman matin en durbent vouastro pouarto
Trouvez à coou segu douas créaturo mouarto ?
Pensi qu'a nouastre égard agirez aoutrament.

L'OSTE.

Pouadi pas, meis enfant, vous douna lougeament.
Per afin que la nué vous semble men cruello,
Vous boufares ei dets, picares la semello,
Fares de tems en tems de gambado, de saou,
Tout aco réuni vous rescooufara en paou,
Et puei, sus lou matin quand pounchejara l'astre,
Tacharez eiça-vaou de trouva quaouque pastre

Que vougue vous lougea touteis dous dins soun jas,
Et serez à l'abri.

JANET.

Suivant vous, v'arrangeas,
Per nous douna d'espouar, nous parlaz de la sorto ;
Se coumo naoutre eici vous trouvavias per orto,
Noun resounarias pas coumo aco de sang fres,
De nouastro pousitien sentirias mai lou pes,
Et n'oourias ben piéta, mi coumprenez, coulleguo.

TOUNIN.

Vai, s'avié coumo naoutre abraca douje leguo,
La nègeo sus l'esquigno et ren din lou fanaou,
Nous serié caritable.

L'OSTE.

Aco toumbo assas maou;
Per un dénoumbrament vous bouta tant de lagno.

TOUNIN.

Se caminaviam basto en peys de coucagno,
Et que rescountressiam taouro ouverto et bouan lié
Afin de fa partout jugua lou rastelié;
Serié coumo si dis que mièjo bastounado,
Et pourriam doou trajet supporta la corvado.

COUPLETS

TOUNIN ET JANET.

Despuei tres jour, par vaou, par mount
Cubert de négeo jusqu'oou couale,
De l'ooubèto à soureou trémount,
Battem leis champ coumo dous fouale
Per respouandre, cadun sa part,
Eis ordres précis de César
Et li bouta ensin counouissenço
De nouastre prounto ooubéissenço.

L'OSTE.

Meis bouans amis, voudriou pousqué
Vous lougea, mai, la plaço manquo,
Va vous ai dit, sabes perqué,
Foudra que passez la nué blanco.
Per courre eis ordres de César,
Aguessias pas parti tant tard,
Cresez-va ben, fe de counfraire,
Oouriou pousqu vous satisfaire.

ENSEMBLE.

L'OSTE.

Per courre eis ordres de César,
Cresez-va ben, fe de counfraire,
Aguessias pas parti tant tard
Oouriou pousqu vous satisfaire.

JANET ET TOUNIN.

Se suivant lou vu de César,
Courre à scis ordres, lou coumplaire,
Trouvas qu'aven parti troou tard,
Es, qu'aviam ben d'aoutreis affaire.

JANET.

Li dis uno nué blanco, as entendu, Tounin?...
Quand vias nègre partout... Ah ! s'erias per camin,
Dirias pas plus aco; changcarias de langage
Et de nous leissa fouaro oourias pas lou courage.

L'OSTE.

N'ai lou couar que mi saouno et plagni vouastre sort;
Mai, quand mi pagarias la plaço oou prix de l'or,
Pourriou pas vous dara la pu simplo chambrèto;
Car, m'a fougu, mourbiou, jusquo sus la carrèto
Faire couca leis gent.

JANET.

S'éro pas de rigour
D'ooubéi senso faouto eis leis de l'ampèrour

Et de quitta l'oustaou per s'ana faire escrioure
Sus un troua de papier, v'assuri cadèbioure,
Que par un tem parié, tant iou coumo Tounin,
Si rescountrariam pas sus lou meme camin,
A trèmoura doou frech et faire de tachetto;
Mordriam davant lou fué sus uno coustellèto,
Et leis gotou de mous nous cooufarien lou pies.

TOUNIN.

A segur va fariam mies que ce que va dies,
Oouriam l'esprit countent et mai la panço plèno.

L'OSTE.

Va vous repeti mai, vouastre état mi fa pèno.
Herous dins aqueou cas qu'a pousqu deis proumié
Trouva tout à la fes taouro pleno et bouan liè,
Car senti, meis enfant, qu'uno tallo bousquièro
Es capablo esto nué de vous garda deis nièro;
Et voudrié fouaço mai n'avé dins la camié,
Que de tant trèmoura... S'eico duro, janvié,
Si passara segur senso veire uno mousco
Sus lou naz de quoouqu'un.

TOUNIN.

Coumprenez que fa bousco?
Et que dormi tranquile à cousta d'un bouan fué
Voou mai que d'estre à l'er, surtout aquesto nué.

L'OSTE.

Plagni leis paoureis gent en retard sus la routo.

JANET.

N'avez pas tout lou tort, quand lou naz vous degouto
De la gièrou que fa, que sias sus un camin
A courre, à patouya !...Que n'en penses, Tounin,
Lou tem devent pu frech et l'houro es avançado.

TOUNIN.

Duvem ben s'approucha de mièjo-nué sounado,

Mi troumpi pas de fouaço... et, lou tems, moun ami,
V'a nous pareisse long.

JANET.

Tounin, mi fas frémi!..

L'OSTE.

Cercaz en paou pu luen, restez pas cambo goyo,
Doui grosseis jouvenas duvez avé de voyo;
Vous leissez pas sesi par lou fred que sentez.
Dounaz-vous de courage, anaz, sooutaz, courrez,
Et si poou qu'eiça-vaou trouvez quaouque refuge;
N'en desespèrez pas.

JANET.

Avez un brave fuge
De nous leissa trima par uno nuech ensin.

TOUNIN.

Li demandèm plus ren, faguem nouastre camin.

L'OSTE.

Foou pas s'enmagina, par uno nué parièro,
D'estre eici leis soulet à senti la bousquièro,
Quand sabes que cadun, per li douna soun noum,
Duou courre à Betelen. Es un ordre redoun.

JANET.

Oou diable sié César eme tout soun caprici;
De s'acampa de maou, fez-li lou sacrifici
Per respouandre à l'appel que vent de publica.
Eou, dintre soun palai, ben nourri, ben couca,
Crègne pas ren doou tem; sente pas la sisampo.

(L'hôte rentre.)

TOUNIN.

Qu'oou bout deis dets, ooumen, l'aguesse pres la rampo
Quand a signa l'édit, aquel ordre cruèou
Que nous fa courre ensin à si gièra la peou.

JANET.

Veni, Tounin, partem, en haou de la bourgado,
Se quoouqu'un, per pièta, nous douno retirado,
Et nous garo touis dous doou fred jusqu'à deman,
Li pagam double escot et li bayam la man.

(Ils disparaissent.)

Moment de silence.

SCÈNE III.

MARIE, JOSEPH.

Pendant ce temps, un orage s'annonce, la pluie tombe, la foudre éclate,
les éclairs se succèdent, et c'est à la clarté de ces feux, que Marie et
Joseph sont à la recherche d'un asile pour s'y abriter. Ils entrent en
chantant les couplets suivants :

JOSEPH.

Au milieu de l'orage,
Nous cheminons tremblants ;
Ciel, donnez du courage
A nos pas chancelants.
Protégez, jusqu'au terme
Le fruit chaste et divin
Que ma compagne enferme
Dans son auguste sein.

MARIE.

Joseph, je vous en prie,
Dissipez ma frayeur !
La Mère du Messie
Succombe à sa douleur.
Le temps presse, il va vite,
Frappez à cet endroit
Afin qu'on nous abrite
Ici sous quelque toît.

Oui, du ciel, ici-bas, le mystère ineffable
Dont l'accomplissement doit être incomparable,
A tout ce que l'on peut montrer au genre humain,
Touche à son terme hélas ! et ce n'est point en vain

Que j'implore un abri. Moi, la pauvre servante
Chez qui l'ange a porté la crainte et l'épouvante.
Sans assistance aucune être en ces tristes lieux.

JOSEPH.

Tel est, croyons-le bien, la volonté des cieux.
Mais courage, Marie, oui la nuit est affreuse,
Un orage est sur nous, rigueur malencontreuse
En notre obéissance il nous faut tout tenter;
Le trépas en chemin dût-il nous arrêter;
Qu'il faut à Bethléem aller nous faire inscrire.

MARIE.

Mais César, qu'a-t-il donc? craint-il pour son empire?
Et redouterait-il un bouleversement?
Que de gens vont souffrir de ce dénombrement;
Et pour nous, cher Joseph, quel pénible voyage.

JOSEPH.

Ne désespérons point, redoublons de courage,
Le temps presse, il est vrai....

MARIE.

Joseph, hâtons nos pas.

Je me meurs, et je crains si nous ne trouvons pas
Un abri dans ces lieux, un gîte, une demeure,
D'expirer de douleurs!..

JOSEPH.

Nous voir à pareille heure

Perdus sur le chemin. O trop affreuse nuit!..
Qui donc, pour faire trève au sort qui nous poursuit,
Nous tendra dans ces lieux une main protectrice,
Et de nous abriter fera le sacrifice?..

MARIE.

Aux cris des malheureux les cœurs se sont fermés.
Tout sommeille, tout dort, ce qu'on ne vit jamais

En nulle occasion. Joseph, prenez la peine
De frapper quelque part; une auberge non pleine
Peut se trouver ici pour nous y recevoir.

JOSEPH.

En vous obéissant, puisse ici votre espoir
Ne pas trouver de doute et je vais donc, Marie,
Essayer de frapper à cette hôtellerie,
En réveiller les gens et tâcher d'obtenir
Assistance et pitié....Tout semble bien dormir.
Sur cette porte, ici je vais avec instance
Réitérer mes coups. *(Il frappe de son bâton.)*

MARIE.

Puisse la Providence,
Lorsqu'à cette heure hélas ! tout dort paisiblement,
Ne nous abandonner.

JOSEPH, *ayant frappé plusieurs fois.*

Fatal délaissement.
Personne ne répond.... Oh ! fâcheuse aventure,
Evénement cruel !.... Par une nuit obscure
Nous trouver en chemin et ne point rencontrer
Le plus modeste abri pour pouvoir s'y garer.

MARIE.

Joseph, frappez encor, faites que le tapage
Causé par le bâton se mêlant au langage,
Entrave le sommeil du maître du logis,
Et vienne cette fois,...

JOSEPH.

C'est en vain que j'agis...

MARIE.

Ne nous indignons point contre un destin sévère
Rien de ce long refus n'est peut-être ici vain.
Le Dieu que nous servons est un excellent Père,
N'en ai-je pas d'ailleurs la preuve dans mon sein ?

Je deviens par sa grâce une vierge féconde
Que l'on appellera : La Mère du Sauveur !
De l'Enfant-Dieu qui doit régénérer le monde
Et faire des mortels le souverain bonheur.

JOSEPH.

Puissent ces doux pensers au milieu de l'orage,
De nos corps fatigués ranimer le courage !
Je les approuve fort. Puisqu'il en est ainsi ;
Suivons la Providence et disons-lui merci !...
Si le feu des éclairs, lumière favorable,
Nous découvrait au moins d'une mauvaise étable,
Les murs abandonnés où selon nos besoins,
Abrités quelque peu, nous pourrions sans témoins
Y loger cette nuit ; nous fallant peu de place ;
Ce serait un présent auquel nous rendrions grâce ;
Demain, quand paraîtrait le jour, assurément,
Nous pourrions rencontrer un meilleur logement.

DUO.

Orage affreux ! O nuit terrible !
Calmez hélas ! votre courroux ;
Vieux toît, soyez-nous accessible,
Pour cette nuit abritez-nous.
Qu'en cet instant, la Providence
Se faisant notre protecteur,
Signale en ce lieu, la naissance
De l'adorable Rédempteur.

JOSEPH.

Implorant ce hasard, si cependant, Marie,
Nous frappions derechef à cette hôtellerie ;
Je ne puis l'assurer, mais un rayon d'espoir,
Semble ici m'apparaître.

MARIE.

Essayez.... veuillez voir.
Donnez un libre cours à cette prompte idée ;
Notre assistance hélas ! tant de fois demandée

Peut nous être à la fin accordée en ces lieux.
Frappez, Joseph, frappez.

JOSEPH, *frappant de son bâton.*

J'obéis à vos vœux.

SCÈNE IV.

JOSEPH, MARIE, CRISTOOU.

CRISTOOU, *paraissant à la fenêtre.*

Qû basselo adavaou ? Qû fa tant de tapage ?..
Parei qù'abrandas pas de faire de dooumage.
Véguen, qû siás, parlaz, et que vourez ensin ?
Un pareil chamatan foou puei que prengue fin.
Oou mitan de la nuech em'aquelo sisampo,
Lou tonnerro que pèto et lou cièle que lampo,
Mi faire coumo aco descampa dei lancoou ;
Es pas gaire pouri !... Veguen qu'es que vous foou?

JOSEPH.

Ne nous rebutez pas, maître, soyez docile ;
Nous venons vous prier de nous donner asile.
Hélas ! considérez ma compagne un instant,
Elle se meurt de froid, c'est de vous qu'elle attend
L'hospitalier secours que son état réclame,
Il est intéressant, il vous touchera l'âme.

CRISTOOU.

Mai de plaço n'ai jes, mounté vous lougearai,
Dins un marrit estable, entre lou buou et l'ai ?...
Es touto ma ressourço et ce que pouadi faire,
Vous l'offri de bouan couar ! se poou vous satisfaire,
Vous l'y mèni subran. Espéraz adavaou
Que mi passi la vesto et prengui lou fanaou.

JOSEPH, *à Marie.*

A la fin nous voilà sortis d'inquiétude ;
Le Ciel qui jusqu'ici s'était fait l'habitude

De nous être funeste, apaisant son courroux,
A pourtant daigné prendre ainsi pitié de nous.

MARIE.

Encor, si de ce long et redoutable orage,
Nous étions les derniers à supporter la rage ;
Mais que de gens, hélas ! par cet ordre inhumain,
Doivent non loin de nous se trouver en chemin ;
Je les plains, cher Joseph, et voudrais que leur peine,
Comme la nôtre ici rencontrât même aubaine.

CRISTOOU, *hors la maison, un fanal à la main,
et soufflant dans ses doigts.*

Que bousco, paourei gens, vous plagni, suivez-mi ;
Mounté vaou vous casa, pourrez gaire dormi.
Mai, seres à l'abri d'aqueou fred que pètègeo,
Car, de courre par l'er fa pas veni l'envègeo.
Vaou vous passa davant, prenez ben gardo ei traou ;
Diou fasse que lou vent mouque pas lou fanaou.

(Ils sortent et le rideau tombe.

FIN DU PREMIER ACTE.

ACTE II.

SCÈNE PREMIÈRE.

GOUSTIN, CRISTOOU.

GOUSTIN, *parlant de la fenêtre*

Eme l'aigo que toumbo et lou fred que vous gièro,
Que noun leissarias pas un can à la carrièro ;
De mounte vent Cristoou eme soun lume abra ?
T'an fa toumba doou lié, vo ti sies délembra,
Sies mai que matinié.

CRISTOOU.

Ve, mi fasses ren dire.
Ce que veni de faire, ah ! bouto, fa pas rire ;
Veni d'accoumpagna doui paourei vouyageour
Que mourient de fatiguo aoutant que de doulour.
Leis ai lougea touis dous dins un marrit estable.

GOUSTIN.

Mounté ?...

CRISTOOU.

Dins Betelen.

GOUSTIN.

Es gaire counvenable
De remisa lei gent mounte coucho l'avé ;
As pas fouaço piéta deis estrangier.

CRISTOOU.

Aouvé !
Et mounté ourié fougut alor que lei metessi ?
Eme lou fred que fa, fourié que leis leissessi
Senso fué, senso ren, mouri sus lou camin ?..

GOUSTIN.

Noun, Cristoou, as ben fa.

CRISTOOU.

T'aouji dire, Goustin,
Que n'aviou jamai vis tant gento créaturo ;
Soun abord grâcious, sa pourido figuro,
Tout interesso en ello... Es bruno de coulour,
Mai brilho de noublesso à travers sa doulour,
Soun touteis dous neissu dins la memo patrio ;
L'home, li dien Joouset et la fremo Mario ;
An ben l'er counvenable ; eou, dis estre fustié ;
Leis prendrias pas segur per de gent de mestié...
Anfin, leis ai lougea, li manquo pas de plaço ;
Mettrant de pailho oou soou, relargearant sei biasso,
Vo ben, si boutarant entre l'ai et lou buou.

GOUSTIN.

Sies un brave pitouat, as fa ce que si duou...
Paoureis gent, quand si dis par uno nué parièro,
Si trouva senso abri...

CRISTOOU.

Eh bouto, fa fresquiéro.
Ero tems, bouan Goustin, fatiga coumo soun,
De l'avé semoundut en paou de toourissoun.
Venoun de Nazaret.

GOUSTIN.

Caspi, que longuo routo...
De Nazaret eici ; soun de plagne.

CRISTOOU.

Vai, bouto.
Ant besoun de repaou si farant pas bressa,
Et regretti, Goustin, de leis ave leissa
Tout souret dins l'estable... Aquelo paouro frumo,
Si vis que de marcha n'a gairé la coustumo.

Se mi tarouni pas fara leou soun pichot....
Anfin, leis ai lougea senso paga d'escot,
Mi demandes plus ren soun miéjo-nué sounado,
Ai besoun de dormi. Adiou, moun cambarado,
La parpèlo mi pèso et la narro a besoun
Quand serai dins lou lié, de juga sa cansoun.

(Il va se coucher.)

L'horizon s'éclaircit progressivement.

SCÈNE II.

GOUSTIN, seul, et toujours à la fenêtre.
(S'étant aperçu du changement du temps.)

Mai, semblo que lou ciel voou changea de camiso,
Lou fred s'es adouci, sentez plus tant la biso
Que fasié tout escat ; tout luse oou firmament ;
Siou ravi per ma part d'aqueou revirament.
Ha ! segu per lou coou ; que drolo de ménestro !
Pantailhi pas, beleou, siou ben à la fenestro ?
Sus leis coualos, partout lou ciel es tout en fué,
Un soureou deis pu beou fa lume à miéjo-nué ?
Qaooucaren d'estounant si passo dins leis astres.
Vouari saoupre ce qu'es, vaou réveilha leis pastres...
Aousi canta d'amount.... O leis pouris councert ;
Leis vouas que distinguas partoun d'adaou deis er ;
Jamai s'èro entendu tant pourido musiquo...
Dien plus ren, fant silanço... Espèrem la repliquo.

CRISTOOU, dans sa maison.

Se mi cresies, Goustin, fariés mies de feni,
De ferma ta fenestro et mi leissa dormi.
T'enmagines beleou qu'agui de tems de resto
Per aousi toun bagou que mi roumpe la testo ?
Leis astres cantoun pas aco s'es jamai vis,
Et jamai si veira.

GOUSTIN.

Va creses pas?... tampis.

2

CRISTOOU, *toujours dans la maison.*

Vai, cresi-mi, Goustin, retourno à la fenièro,
Et se pouas pas dormi, faras la casso eis nièro.

Moment de silence.

CONCERT DES ANGES DANS LES CIEUX.

Gloria in excelsis Deo
Et in terra pax hominibus
Bonæ voluntatis.

Bergers, oyez la nouvelle
Qui doit vous rendre tous heureux
Quand d'une Vierge mortelle
Vient de naître le roi des Cieux.
Gloria in excelsis Deo.

Bethléem, dans une étable,
Possède l'enfant du Très-Haut !
Sa naissance est admirable,
Allez le voir dans son berceau.
Gloria in excelsis Deo.

Pendant qu'ici nos louanges,
En concert s'exhalent au loin,
Daignez lui porter des langes,
Son indigence en a besoin.
Gloria in excelsis Deo.
Et in terra pax hominibus
Bonæ voluntatis.

(Le concert cesse).

GOUSTIN, *à Cristoou.*

Estravagui, Cristoou, vo diou ce que si passo ?...
Iou cresi que sies sourd vo ben fas la coouvasso
De dire qu'aouses pas ni brut ni virovoou,
Vai bouto, cresi—mi là quooucarèn de noou
Aparamoun dins l'er !...

SCÈNE III.

GOUSTIN, CRISTOOU

CRISTOOU, *paraissant à la fenêtre.*

O ! n'ai l'amo ravido.
Jamai cansoum, dirai, m'a sembla tant pourido ;
Siou de toun ooupinien ; quooucaren d'estounant
Si passo aparamount ; vaou reveilha Nénan.

(Haussant la voix.)

Enfants, sooutas doou lié, viguem, durbes l'oourio.
Leis astres fant lou chuor. O qu'unto méravio !

GOUSTIN.

Es dooumage pamen que parloun estrangié,
Aco toumbo assaz maou per de simples bergié....

CRISTOOU.

Alor tant vourié pas, mourbiou, que l'escoutessi.
Tu, qu'as l'esprit pounchu : « Gloria inessessi »,
Que voou dire, Goustin ; et lou « Tinterra pas » ?..
Qu'uneis droles de mots.

GOUSTIN.

Moun cher, foou estre mas
Per pousque va coumprendre.

CRISTOOU

Et « Bonæ voluntati » ?...
A qui n'en a mai un...

GOUSTIN.

Devigno-vo, gros dati,
S'as mai d'esprit que iou ; bouto per parla ensin,
Foou la lenguo ben lisso et lou goousié ben fin ;
Cantoun à vous ravi dins l'art de la musico ;
De fignoula leis mots parei qu'ant la pratico.

CRISTOOU.

« Gloria... Gloria... inessessi deooooo. »
Lou councert es pouri, mai per naoutre, es d'argo.

S'eroum men régulié, ben que siguem de pastres,
Que sachem pas parla lou lengage deis astres,
Beleou que si pourrié que tu, me iou tamben,
Dechiffressian lou mot que resouno tant ben.

La trompette se fait entendre.

Entendes troumpeta ?... Escouto et fai silanço...
Beleou cantarant mai, que n'en penses ?...

GOUSTIN.

...Bastanço !

La troumpeto a fini;... mi semblo aousi'no vouas
Pourido que noun sai.

CRISTOOU.

Beleou soun mai de douas.

L'ANGE, *apparaissant dans un nuage.*

Bergers, chantez Noël ! Laissez vos brebis paître,
Courez à Bethléem où naît le divin Maître,
D'une Vierge féconde. Aussi c'est pour vous tous,
Un sujet d'allégresse et de transport bien doux.
Par son divin amour, ce Fils de Roi de gloire !
Dont les temps à venir raconteront l'histoire,
Cet enfant du Très-Haut que Marie en son sein
A conçu pour venir sauver le genre humain,
Vient de naître au milieu d'une mauvaise étable
Entre deux animaux ; son état misérable,
Sa nudité cruelle implorent de vos cœurs
Les soins et les présents, et veuillez, chers pasteurs,
Aller lui témoigner le plus sincère hommage ;
Laissez là vos troupeaux et qu'un pieux voyage
Jusqu'à ce lieu béni où le Fils du Très-Haut
A daigné par amour y fixer son berceau,
Soit votre affaire ici... Banissez la tristesse ;
Du Messie incarné, dans vos chants d'allégresse
Célébrez la naissance, allez tous en ce jour
Lui témoigner l'excès d'un réciproque amour.

CRISTOOU.

Aro, v'avem coumpres. D'uno caouvo tant bello !
Foou qu'anem de partout n'en creida la nouvello.
Que n'en penses, Goustin, va dies pas coumo iou ?
Avaou dins Betelen, neisse lou fiou de Diou !
Enca dins un estable ! Es quooucaren d'estrange ;
Mai, bouto va tenen de la bouco de l'ange...
Merci, grand messagié, de nous ave douna
De tant pouris détai sus aqueou nouveou-na.
Toutaro lou veirem.   *(Ils disparaissent)*.

SCÈNE IV

TROUPE DE BERGERS SUR LES MONTS.

LOU CHEF DEI BERGIÉ.

O qu'unto méravio !

Pastres, se coumo iou avez presta l'oourio
En ce que nous a dich un ange d'amount d'haou ;
Duvem s'en rejoui, la nouvello fa gaou !

L'ANGE.

AIR : *Pastres que sias ei mountagno.*

Pâtres, qui sur ces montagnes
Faites paître vos troupeaux ;
Allez tous par les campagnes,
Les vallons et les côteaux,
Répandre en chœur l'heureux bruit
      Que la Viergé Marie,
Vient d'enfanter cette nuit
      L'adorable Messie.

LEIS PASTRES.

O qu'unto bouano nouvello ;
Messagié, diga-nous léou
Dins que lué, la Vierge bello,
A enfanta lou Diou nouveou.
Naoutre anant leissa l'avé
A la gardi deis astres
En s'impousant lou devé
D'en avertir leis pastres.

L'ANGE.

Bethléem, est sa demeure,
Une crêche est son berceau,
Allez sans différer l'heure,
Adorer ce Dieu nouveau.
Sa misère attend de vous,
La plus prompte assistance,
Vos présents lui seront doux
Ayez-en l'assurance.

LEIS PASTRES.

Per festat esto journado,
Anem tout desuito oou jas,
Prépara per l'accouchado,
Un agneou blanc et ben gras ;
De bouan lach, un gros barriou,
Vo n'o lamo ben plèno ;
Quand s'agis doou Fiou de Diou !
Ren nous duou faire peino.

1er BERGIÉ.

Aro que saben tout, nous counvent de creida
La superbo nouvello et de pas l'ooublida.
Bergiés, réveilha-vous, pastres d'esto countrado,
Saoutas toutei doou lié, la pax nous es dounado,
Un Diou s'es fach enfant avaou dins Bëtelen.

2e BERGIÉ.

Foou que siègue lou Diou que despuei tant de tem
Nous fouguet anounça per nous veni en ajudo.
Bènissem sa bounta, saludem sa vengudo ;
Per hounoura soun noum, leis anges dins leis ers,
Pastres, v'avez oousi ? l'adreissoun de councerts.
Li fant de chuor charmant ; qu'unteis roussignoulado ;
Jamai s'èro toucat uno parièro ooubado.

NOURA.

Que sèrié tout aco qu'entendi tant de bru ?

1er BERGIÈ.

Noura, reveilho-ti, lou Messio es neissu ;
Regardo oou firmament coumo tout barluguejo.

NOURA.

Si leva tant matin n'ai pas gaire d'envejo
Eme lou fred que fa.

1er BERGIÉ.

Lou tems es deis pu beou,
Lou ciel brilho partout, bouto vai, lei troupeou,
En restant dins lou jas bagnarant pas la lano.

LOU CHEF DEIS BERGIÉ.

Anem, enfants, anem, descendem dins la plano,
Aqui s'assemblarem, et se tout duerme enca,
Leis sayarem doou lié, leis farem debanca;
Foou que tout sié sus ped en aquelo nouvello.

2e BERGIÉ.

En anan eiça-mount, menaren Rigoumèlo.

NOURA

Aro coumençariou à creire ce qu'as dit,
En soungeant à l'Enfant que nous ero prédit
Per veni tout-puissant nous sorti d'esclavage.

1er BERGIÉ.

Cresies, beleou, Noura, que fousse un bavardage?...
La caouvo es ben seguro et foou qu'à Betelen
L'anem toui visita senso perdre de tem.

NOURA.

Va cresi ben ensin et siou de la partido;
Es caouvo que duou faire époquo dins la vido.
Eicito en attendent, s'escurem lou goousié
Et cantem quooucaren.

LOU CHEF DEI BERGIÉ.

Vous approuvi, bergié.

CHŒUR

Jour de bonhuor, pastre, pastresso
Cantem lou Diou que nous es na,
Dins nouastre councert d'allegresso,
Celebrem lou verbo incarna.

Lou Ciel nous counvido à la joyo,
A lou canta mettem de voyo,
Aquelo neissenço nous dis
Que leis habitans de la terro,
Oou lué d'un'infernalo guerro,
Oouran la pax doou paradis.

SCÈNE V.

Les mêmes, TANTO RIGOUMÈLO, LOU REGALA,
QUINSOUN.

TANTO RIGOUMÈLO, *parlant de sa fenêtre.*

Qu'es tout aqueou boucan, tout aquelo sequelo
Que si fa tant matin ; n'ai ma paouro cervèlo
Roumpudo. O que de bru ! mai aco durara ?...
Que festo serié dounc ?... Que ti dirai, Noura,
S'avies en paou de sen, à mièjo–nué sounado,
Faries pas tant deis tiou. Qu'es aquelo bravado ?...
Noun, jamai s'ero fach un vacarme parié,
Et voudriou saoupre eici qu'es esta lou bergié
Qu'a coumença lou trin. Aco si duou pas faire.

NOURA.

Tanto, vous fachez pas.

TANTO RIGOUMÉLO.

Teiso-ti, tu, charraire,

NOURA.

Lou Messio es neissu ; tanto, rassuraz-vous,
Anam à Betelen l'adoura, suivez–nous ;
Foou qu'eme naoutre eici, sigues de la partido,
Veguem, sooutas doou lié.

TANTO RIGOUMÉLO.

Aquelo es pas mousido.
Ti teises, messoungié. Lou Messio es neissu ?
Un bonhuor coumo aqueou poou pas estre segu,
Et fàda, cercaries à va mi faire creire ?

NOURA.

Tanto, ben mies qu'aco pouadi vous lou fa veire,

Et se noun mi cresez, desparpèlaz-vous en paou,
Boutas lou naz à l'estro et regardaz en haout
Lou ciel tout lumina, lou brilhant clar de luno ;

TANTO RIGOUMÉLO, *regardant à l'horizon*.

Es verai ce que dies... O la bouano fortuno !
Tout barluguèjo oou ciel ; en viant lou firmament,
Coumençariou, Noura, de creire à toun serment,
Et qu'un Diou tout nouveou es na dins lou tarraire.

NOURA.

Tanto, soungeas qu'avez un présent à li faire.
Despachaz-vous, fes leou, siam countent de v'avé ;
Quand leis pastres partout abandounoum l'avé ;
Per courre à Betelen ; l'ancièno doou village,
Em'elleis, de plen couar duou si mettre en vouyage.
Mettez la raoubo novo et lou pouri joubin,
Foou que siguem farot, touteis sus lou camin.

TANTO RIGOUMÉLO.

D'un taou bonhuor, Noura, siou touto rejouido ;
N'ai lou couar transporta et mai l'amo ravido.
Vaou m'habilha, vaou leou, Noura, comto sus iou
Per ana à Betelen veire lou Fiou de Diou.

LOU REGALA.

Un astre millo fes pu lusent qu'uno estèlo,
A jièta sa clarta jusquo dins moun oustaou ;
Que serié tout acot ?... Uno bouano nouvèlo !
Poou pas estre aoutrament ; cadun dis adavaou :
Lou Messio es neissu, leis astres, tout va canto.
Pastres, aplantaz-vous, vaou reveiha ma tanto :
Oou mai serem de mounde oou mies celebrarem
La festo que coumando aquel avènament :

QUINSOUN, *en costume de chasseur*.

Ben que de bouan matin battessi la fringalo ;
Aco m'a pa empacha, lou fusiou sus l'espalo

La cougourdo oou carnier, d'ana tacha mouyen
En batten leis valouns, de cassa quooucaren
Que vouguesse la cargo: un pareou de becasso,
Uno lebre de pes ben roussèto et ben grasso.
A pèno per aco mi mettiou en camin,
Qu'aousi de bru partout, vaou enco de Goustin
Lou mari de Nanoun per saoupre la nouvello,
Mi dis que lou Messio a d'uno Vierge bello,
Reçu lou jour !... O tron, la caouvo marcho ben
— Et mountes qu'a neissu ?... — Avaou dins Betelen.
— A Betelen, tan mies, l'anarai rendre hooumage.
En rebroussant camin, toumbi sus l'abuourage
D'un lèbraou que veniè per si dèsartera,
Ho ! coullèguo, li diou, sabi ben qû t'ooura....
Tout en lou poursuivent, teni moun armo lesto,
Lou perdi pas de l'uei, visi drech à la testo,
Avanci douçament et pandant qu'ero aqui
Lou mourre dins la sourço à beoure à soun lesi ;
Engaouti lou fusiou qu'avié sa doublo cargo,
Quichi lou chin subran... Coumo un troua de poutargo
L'estendi rède mouar, sus lou bord doou vala ;
Parlas, d'aqueou beou coou, se mi siou règala.
Et tal es lou présent que mi siou dit de faire
A l'enfant qu'es neissu, fara joyo à sa maire.
L'y vaou d'aquestou pas en li cantant Nouvé ;
Se moun prèsent li plai, n'en farant un civé
Vo se l'agrado mies lou mettrant à la brocho.

NOURA.

Em'uno pèço ensin si poou faire bambocho
Et soupa coumo foou... Sies un fin bracounié,

QUINSOUN.

Duvem tant que si poou faire hounour oou carnié.
Cresi pas que degun eici de la bourgado :
Sié Cristoou, sié Goustin vo ben tanto Nourado,
Pouartoun à Betelen un prèsent coumo aqueou ;
Lou bras m'en en fa maou, te, suspèso,

NOURA.

Va veou ;

Eme de caouvo ensin regrettaz pas la cargo.

QUINSOUN.

Va mi songi, Noura, la pèço es tanti-largo.

Tamben, marchi eme vaoutre et va cresi, veguem,

En routo, meis amis, foou pas que y'alounguem.

SCÈNE VI

TROUPE DE BERGERS ET BERGÈRES.

Traversant la scène en chantant.

AIR : *Allons chasseurs vite en campagne.*

Anam adoura lou Messio,
A Betelen dins soun herceou,
Fes leou, fes leou, jouineis pastoureou.
L'enfant de la Vierge Mario !
Que l'Ange nous dis qu'es tant beou
Fes leou, jouneis pastoureou.

Abras caren, tanto Jartrudo,
Passas davant, meste Miqueou,
Fes leou, fes leou, jouneis pastoureou,
Vaoutre qu'avez la cambo rudo,
Avertirez tout lou hameou,
Fes leou, jouineis pastoureou.

Accoumpagna de la musèto,
Entounez quaouqueis er nouveou,
Fes leou, fes leou, jouineis pastoureou ;
Foou qu'à la célesto troumpéto
Unissen un chant dei pu beou
Fes leou, jouineis pastoureou.

Leis anges, d'ad'haou de la vouto
Nous respoundrant, farant rampeou,
Fes leou, fes leou, jouineis pastoureou
Et nous indicarant la routo
Que meno oou Messio nouveou,
Fes leou, jouineis pastoureou.

NOURA, *à la troupe.*

Counvent de s'espèra per deve l'accouchado,
Camina touis ensem, m'entendez, cambarado ?

En aquesto ooucasien, foou pas que quaouquei gent
Proufitoun soulament doou bonhuor que nous vent.
Lou Messio es neissu per lou salut doou mounde
Foou que toui l'anen veire et pas degun s'escounde.

(La troupe fait halte.)

TANTO RIGOUMÈLO, arrivant sur la scène.

Noura, vivo ta facho, aco es ben resouna.
O! foou que touis ensem viguem lou nouveou na.
Aro douti pas plus de sa santo vengudo,
Cherissi sa neissenço, implori soun ajudo ;
Tout en camin fasent, par valado et par mount ;
Parlarem de sa glori et cantarem soun noun ;
Despachem-si, Noura, bruli d'estre arribado.

NOURA.

Tanto, escoutas en paou amount la bello ooubado,
Leis pastres fant lou chœur ; lou soun doou tambourin
Rentantis en passant sus lei quatre camin.

SCÈNE VII

LES MÊMES, LOU BOUIMIAN ET SA FREMO.

LOU BOUIMIAN ET SA FREMO.

Chant traditionnel.

Naoutre sian de bouimian
Que n'en dévignant la bouano fortuno.
Naoutre sian de bouimian
Qu'arrapant partout mounté sian.
Enfant eimable, tant doux,
Bouto, bouto, aqui ta crous.
Et cadun ti dira
Tout ce que t'arribara.
Naoutre sian de bouimian
Que n'en devignant la bouano fortuno,
Naoutre sian de bouimian
Qu'arrapant partout mounte sian.

LOU BOUIMIAN.

Que de mounde par l'er, ô Manoun, que tapage ;
Semblo pas qu'es lou jour de quaouque roumeirage ?
Aviam jamai tant vis de pastres mé de gent ;
Leisso faire, ooujourd'huei gagnarem quooucaren
En devignant lou sort ; tal es nouastro scienço,
Ben que digoun que sian de trounpaire de fes,
Foou pas qu'aqueou renoun nous trouble la councienço,
Fem dins aqueou mestié ce que nous ant appres.
Et cadun fa lou siou.

NOURA, *au bohémien*.

Digo, que venes faire,
Facho de brèguetian, dins aquestou tarraire ?..
N'es pas besoun de tu, descampo, courri leou,
Se vouas pas qu'un bletas t'espooussète la peou.
T'ai dèfendu cent coou de treva la bourgado,
D'ana canta pu luen tei gandoiso doourado ;
Lou Messio es neissut et faries fouaço mies
De courre à Betelen per ti pica lou pies.

TANTO RIGOUMÉLO.

Noura, leisso esta aco, ti mettes pa en coulèro ;
Songeo qu'anam parti per Betelen.

NOURA.

Voui, mèro.

TANTO RIGOUMÉLO.

Que lagno, que regret que Jaque Rigoumeou,
Ague pas pousqu veire aquel Enfant tant beou !
Coumo lou plus ancien d'eicito doou village
Oourié pas regrèta de faire aqueou vouyage.

NOURA.

Tanto, cantas nouvé, penses pas plus ei mouar.

TANTO RIGOUMÉLO.

Mai, se sabies, Noura, l'ai toujour dins lou couar.

Que mari coumplesent, aviet la cambo lesto ;
Enquei, crèsivo–ti, mi seriet pas de resto
Per ana à Betelen ; iou mountariou sus l'ai,
Eou, lou mi farié courre et caminarian gai,

NOURA.

Es, per aco d'aqui que dias que vous fa faouto,
Prouvi vouastro resoun, mai quand sias pas maraouto.
Poudez senso mari faire la routo à ped,
Et leissa l'ai de caire...

1er BERGIÉ.

Enfants, anen sus ped ;
Tout courre à Betelen, cadun d'un meme zèlo
Oou brut mèravious de la grando nouvello
S'empatiento, languis d'ana si prousterna
Lou couar rampli de joyo ei peds doou nouveou na.

TANTO RIGOUMÉLO

AIR : *Venez leou veire l'accouchado.*

Pas ben luen d'aquestou tarraire,
Dins la grupi d'un marri jas,
Faouto d'un troua de mailhoutas,
Beleou que tremouaro, pècaire,
Fai, fai istem pas plus gaire
Fai, fai alounguem lou pas.

Bergers et bergères accompagnés du tambourin défilent sur deux rangs
sur la scène et s'éloignent en chantant à l'unisson :

Anan adoura lou Messio
A Betelen dins soun berçeou
Fes leou, fes leou, jounei pastoureou
L'Enfant de la Vierge Mario.
Que l'ange nous dis qu'es tant beou,
Fes leou, jouineis pastoureou.

(*Le rideau tombe.*)

FIN DU SECOND ACTE.

ACTE III.

Le théâtre représente l'étable de Bethléem.

SCÈNE UNIQUE.

BERGERS ET BERGÈRES, *arrivent en chantant au son du tambourin.*

AIR : *Venez braves Jardiniers.*

Paou fatiga doou camin,
A nouastro arribado ;
Oou son doou gai tambourin
Touquem nouastro ooubado.
Saludem l'estable sant
Mounté résido l'Enfant
Puissant en vertus ;
Qu'a per noum Jésus,
Et de qû, leis anges
Cantoun leis louanges.

A la fin de ce chant, le tambourinaire fait entendre une gracieuse et forte ritournelle sur son instrument.

LOU CHEF DEI BERGIÉ.

Aco si, qu'es juga ! brave Jaque Tooureou !..
Se n'es gaire manqua que crêbesses la peou ;
Mai, basto per lei coou, counouisses toun affaire,
Et sies digne, dirai, d'estre tambourinaire.

LOU TAMBOURINAIRE.

Quand s'agis, meis enfants, de festa lou Signour !
Foou que la peou cranie à li faire d'hounour.

L'ANGE GABRIEL, *à la porte de l'étable.*

Entrez dans cette étable, ô troupe bien aimée,
Venez vous prosterner aux pieds du Saint Enfant,
Reconnaissez en lui la puissance animée
Du plus sublime amour et le Dieu triomphant.

Malgré la nudité désolante et profonde
Dans laquelle il repose entre deux animaux ;
Cet Enfant n'est pas moins le Rédempteur du monde,
Venant pour le sauver et guérir tous ses maux.
Bergers, chantez sa gloire en vos chants d'allégresse.
Exaltez ses vertus, louez sa majesté.
Son cœur, foyer brûlant d'amour et de tendresse,
Endure pour vous tous l'extrême pauvreté.

JOSEPH, aux pasteurs.

Dans cette bergerie
Où le Messie est né
De la Vierge Marie,
Que chacun prosterné,
Daigne user sans seconde,
Par réciprocité
Devant le Dieu du monde :
D'amour, de charité !

L'ANGE, MARIE, JOSEPH.

TRIO.

Le cœur plein d'allégresse,
Témoignez en ce jour,
Votre vive tendresse
A Jésus, Dieu d'amour.

MARIE.

Pasteurs, croyez-en l'ange, oui l'enfant adorable
Que par ordre du Ciel j'ai porté dans mon sein,
Et qui vient, cette nuit de naître en cette étable,
Est le Fils du Très-Haut ! et le Dieu Souverain.
Par son grand sacrifice il mérite qu'on l'aime,
De toutes les vertus, sa nature est l'emblême ;
Vos présents, chers pasteurs, lui seront précieux,
Il les accueillera ; mais croyez, le plus digne,
Que vous puissiez offrir à sa sagesse insigne,
C'est le présent chéri de vos cœurs généreux.

TANTO RIGOUMÉLO.

A segur que l'ooura, sa bounta va mèrito,
Et cadun lou li va semoundre tout de suito.

LOU CHEF DEI BERGIÉ.

Grand'mèro, avez résoun mai paravant d'acot,
Cantem toutei Nouvé à l'hounour doou pichot.

CHŒUR.

Sant Enfant que venes de neisse
Per nous apporta lou bonheur ;
Qu'eici, de longuo Diou ti creisse
Pandant que celebran en chœur
Parmi leis pastres, ta vengudo,
Qu'attendian despuei tant de tem.
Sian segur qu'eme toun ajudo,
L'ooura pas plus de maou countent.

TANTO RIGOUMÉLO.

D'un bouhuor coumo aqueou, crèsiou pas à moun âge
N'en ressenti l'effet, ô que sies esta sage,
Noura, de m'ave dit qu'eicito à Betelen,
L'y veiriou lou Messio !... O lou veou sus de fen
Couca faouto d'un bres. Que sa logeo es mesquino,
Eou, lou mestre de tout. O puissance divino,
Es per mies nous prouva vouastre sincère amour,
Qu'avez choousi per neisse un tant triste séjour.
Qu'eicito moun présent vous pareisse agréable,
Sachent qu'habitavias dins un marrit estable.
Senso ren que ça sié, vite vous ai porta
Douje pédas ben blanc em'un bouan mailhouta.

LOU CHEF DEI BERGIÉ.

Bergiés, davant lou fruit de la bouano nouvello
Doun l'ange nous a fa lou glourious reci,
En qù touteis duvem lou pu franc gramaci,
Quand jamai s'ero aousi de paraoulo tant bello.
D'aqueou divin Enfant admirem la bounta ;
Respoundem senso paouso à sa vivo tendresso
Par un chant tout jouyous, un councert d'allegresso
En clignant nouastre front davant sa majesta.

COUPLETS ET CHŒUR.

Souto la forme d'un Enfant,
Vous moustras oou regard deis pastre,
Messio beou ! vous que sias l'astre
Que duou nous rendre triounfant.

Ooussi, davant vouastre présenço,
Agneou de Diou, Verbo incarna,
Noun, duvez pas estre estouna
De nouastro douço ooubéissenço.

Quand despuei mai de tres millo an,
Espéraviam vouastro vengudo ;
Duvié-ti nous estre pourjudo
Dins un estable senso envan ?
  Ooussi davant....

En paou de pailho, un aze, un buou,
Coumposoun vouastro chiminèyo,
Qu'es dur de veire uno mervèyo,
Dins un masage coumo aqueou.
  Ooussi, davant.....

De vouastro humilita, Signour,
Avem l'amo touto esmoungudo,
Que lou ciel vengue à vouastro ajudo,
Et vous proudigue soun secour.
  Ooussi, davant....

Naoutre, sian parti bouan matin,
Per devança leis très Rei Mage !
Que per venir vous rendre hooumage
Beleou, soun déja per camin.
  Ooussi, davant....

LOU CHEF DEI BERGIÉ.

Toutei plen de respé, vous saludant, Mario,
Maire que nous avez apporta lou Messio !
Et qu'enduraz eicito un fred tant rigourous
Per lou salut doou mounde. Ah ! nous es doulourous.
De vous veire toui tres lougea dins un estable :
Vous la Vierge, Joouset et l'Enfant adourable.
Accuillez lou présent que vous fen d'un agneou.
Lou pu pouri qu'avian parmi nouastrei troupeou.

NOURA.

Mi souvendrai toujour ce que dins moun bas-âge
Moun reire mi disiet : Sortirem d'esclavage ;
Un Diou nous neissira, soun bras nous es proumes,
Mai, sabem pas l'annado enca pu paou lou mes,
Aqueou jour, meis enfants, sera un beou jour de festo.
Naoutre, va cresiam pas, aviam marrido testo.
Et quand la nué passado un ange a publica
Sa vengudo eici-bas, n'en sian esta touca,
Et veni de bouan couar plen de réjouissenço,   .
Vous paga lou tribut de ma recounouissenço,
Et puei, per précooutien, vous apporta, Signour,
Un pareou de lapins.—Te, Nourado, à toun tour.

NOURADO.

Bello Vierge, ai appres que v'erias accouchado,
Et veni vous offri lou présent de moun la,
Leissa m'en fa tetat uno bouano poussado
A l'Enfant glorious qu'esto nué nous es na.
Se vourias eme ïou, veni dins ma chambrèto
Segur que serias mies qu'aqui couchado oou soou,
Vous dounariou d'abord ma pourido couchêto,
Et per vouastre pichoun oourias un bres tout noou.
Pas ren vous manquarié. Venez doune, bouano Maire,
Venez à moun oustaou, tout aco poou si faire :
Que joyo, que bonhuor mi farez esprouva ;
Tout lou long doou camin en venent vous trouva,
N'ai counserva l'espouar. Fes qu'eici lou servici
Que veni vous offri, m'accorde aqueou délici.

LOU BOUIMIAN.

Coumo leis pastoureou que soun à vouastre entour;
Penetra de respé vous adouram, Signour,
Sabes leis gent que sian, ooublidaz la malici
Qu'avem pousqu bouta dins nouastre malefici.

Vouastro avengudo eici coundano nouastre errour;
N'en sian touteis counfus, moun Diou, n'avem hourrour!
Se l'a quaouque pardoun per lei gent de ma cliquo,
De pousqué l'oouteni, ve n'en faou la suppliquo.

NOURA, *au bohémien.*

Vai, per un breguetian que soou pas ce que dis,
As pas maou débuta, voudries doou paradis,
Quand lou mestié que fas es un pur sortilège,
Messongeo, troumparié, detestable manège,
Renounces à Satan despuei que Diou es na ;
Basselo-ti lou pics à seis peds prousterna.
Et se noun changes pas de routo, de vidasso,
Douti qu'en paradis t'acampes uno plaço
Per pousqué ti lougea tant tu que teis parié ;
Saouvo-ti, charlatan, et quitto toun mestié.

LOU REGALA.

Ai pas puleou saoupu que la Vierge Mario
Aviet dins Betelen oou mitan de la nué
Par un fred rigourous, enfanta lou Messio,
Que doou plesi, subran, n'ai bouta cacho-fué.
Puei, de joyo, poussant leis pu douceis lagrèmo,
Mi siou mes en camin senso averti ma frèmo
Per veni vous festa dins vouastre saut oustaou
Mounté vous ant couca entre dous animaou.
Mai, per dins tout aco, proufita de moun viage,
Vous adusi, Signour, la mita d'un froumage,
Uno bouano fougasso, un frascou de vin cué,
Un gros troua de nouga, de figuos, de buscué,
Sieis ouceloun pluma qu'avem pres à la leco,
Un pichoun sa de noui, uno marlusso seco,
Uno poumpo à l'anis, un platet de crespeou,
De sucre, de café, de chicoula, de meou,
De bouan resin pendu, d'anchoyo, un pot de burre,
De fachouiro, de riz... Sabiou plus ce qu'adurre .

Per vous faire plesir... Es un présent mêla,
Coumo va vias, Signour ; lou paoure Régala
N'a pas mai pousqu prendre... Aco sera leis arri,
Deman, en menant l'ai, ramplirai leis issari.

LOU GIBOUS, *s'agenouillant.*

O vous que sias eici neissu tant aprèpaou
Per préserva lou mounde et lou gari dei maou.
Degnaz, grand medecin, de voustro man divino,
Mi creba l'agassin que pouarti sus l'esquino ;
L'ai despuei ma neissenço es dounc apoustumi,
Segu que mi rendrias un servici d'ami
Se poudias soulament mi li leva la taro,
A lou pousqué porta, ma patienço a jusqu'aro
Fa toutei seis esfort ; vo n'en pregui, moun Diou,
Derrabaz–mi lou leou, aguez piéta de iou.
N'es pas, coumo va vias, un troua de peiro pounço,
Siou pas puleou couca que ma gibo s'enfounço
Dins lou traoucas préfound que cruso sus lou coou.
Va mai de siei kilos.

NOURA.

Per lou pes es pas troou.
Qù vouas que pousque eici ti dèraba l'espigno
Que ta maire, en neissent, t'a planta sus l'esquigno,
Bagasso que travai qu'oourié nouastre Signour,
Se vourié la leva !... Soun bras restarié court.

COUPLET.
AIR : *Depuis longtemps, je me suis aperçu.*

Counouisses pas lou prix d'aqueou besoun
Qu'es de porta sus l'esquigno un sèpoun ;
Gibo davant et puei gibo darnié,
Avez lou corps en bouano coumpanié,
Sias à l'abri de touto brefounié.

LOU GIBOUS, *à Noura.*

S'ero pas que Mario et Joousé nous escouto,
Ti diriou quoooucaren de travest, et mai, bouto.

Mi teisi, voou ben mies, prèfèri davant Diou,
Que sa bouquèto eici ti respouande per iou.
Et comti maougra tu, sus sa forço divino
Per mi leva lou fai que mi cargo l'esquino.

QUINSOUN.

Bé, veguem, as feni de préga lou Signour
De ti leva la gibo eici senso doulour?...
As perdu lou bouan sen... recuèro, fai-mi plaço,
Que pousqui faire veire oou Fiou de Diou, ma casso,
Et li digui surtout de bouco et mai de couar,
Que soun avenament nous coumblo toui d'espouar,.
Veni per nous soouva!.. que caouvo touto novo;
D'aqueou bonhuor deja n'en vesi ben la provo
Dins lou coou de fusiou qu'ai fach à dematin.
Lou vias aqueou lèbraou?.. Senso furet ni chin,
L'ai mes dins lou carnier; ooussi, Vierge Mario,
Es à vous tout d'abord, la Maire doou Messio,
Que veni vous en faire un moudeste présent;
Ve n'en meritas mai, va sabi, en tant-dooumen
Que pousqui vous adurre un pareou de becasso,
Degnaz per estou coou faire accueil à ma casso.

L'ENFANT DE L'AVUGLE.

Moun paire, sian rendus davant l'estable sant
Mounté toui leis bergiés venoun béni l'enfant
Que li dien lou Messio. Es aqui dins sa crècho.
Dirias que voou parla... que sa bouquèto prècho;
Bouleguo seis pepiou, seis manètos, seis ueis.

L'AVUGLE.

Moun fiou, m'estouni pas que nous fasse d'accueis.
L'ange n'a-ti pas dit qu'es la bounta suprèmo!
La vertu deis vertus! qu'il mèrito qu'on l'aimo?

L'ENFANT DE L'AVUGLE.

Oh! mai se lou vesias vous farié tant plesi.
Es ben lou Fiou de Diou par lou ciel bènèsi;

Ren ve n'en fa douta... seis manieros de faire,
Sa graci, soun esclat ! Oh ! qu'es pouri, moun paire.
Recounouisses qu'es Diou dins cadun de seis tret.

L'AVUGLE.

Prègo-lou, moun enfant, m'as proun fa soun portret,
Et souffri tarament de pas pousqué lou veire,
Que beleou n'en mourrai. Cependant duvi creire
Que se Diou m'a priva de la clarta doou jour,
Es qu'avié seis dessein... L'adori coumo ooutour
De l'univers entié, de touto la naturo,
De qù tenem la vido et mai la nourrituro
Que nous es de sa man pourjudo à profusien.
...O surpresso !... O bonhuor !... Subito apparitien !
O miracle ! O favour !..Serié-ti véritable?..
Mai, li veou, moun enfant, la clarta doou soureou
Barluguèjo à meis ueis, ô prodige admirable !
Eicito en mà favour, que miracle es aqueou?
Que dè mounde à ginous eis peds doou nouvel astre.
L'adourant de plen couar!... Que de gent, que de pastre,
O moun enfant, li veou ! coumo elleis prousterna,
Remerciguem ben Diou de ce que m'a douna'.

COUPLET.

Ciel, m'avias priva sus la terro
De la pu bello faculta ;
Et maougra ma grando misèro,
Benissiou vouastro voulounta.
Lou Fiou de Diou par sa neissenço
Dins l'estable de Betelen,
De la visto, m'offro lou ben ;
Que sera ma recounouissenço?
O beou Messio ! O Diou d'amour !
Sera de vous eima toujour.

L'ENFANT DE L'AVUGLE, *à son père.*

Per de vouastre bonhuor m'en témougna la provo,
Paire, mi croumparez uncis culotto novo,
Uno jaquèto bluro em'un pouri capeou ?

L'AVUGLE.

Oh ! segur, moun enfant, ti vestirai de beou.
Aro que m'es douna de va-ti pousqué veire,
Oouras ren d'estrassa, vai, ti va pouades creire ;
Ta sagesso envers iou va troou ben mèrita.

LOU GIBOUS, *émerveillé de ce miracle.*

Li ves ! aco es segur, n'en pouadi plus douta.
Que miracle, moun Diou ! qu'ooupèratien requisto,
Deis homes, bouan Jesu, sias lou vrai medecin ;
Pusqu'avez à l'avugle, eici douna la visto,
Poudez ben oou gibous, derraba l'agassin.

LA FREMO DOOU GIBOUS.

Teiso-ti gros lanleri, aco si poou pas faire,
Que travai l'oourié pas per la man doou Sant Paire ;
Té, demando vo-li.

LOU GIBOUS.

Et que mi respoundra ?

LA FREMO DOOU GIBOUS.

Qu'aqueou qu'es na pounchu poou pas mouri carra.

LOU GIBOUS

Siou pas neissu pounchut. Aluco lou voulume.
Per lou veire, beleou, as pas besoun de lume ;
Mi foou, per lou tapa, va sabes coumo iou,
Quatre pans de sargèto.

LA FREMO DOOU GIBOUS.

Aça·n'en, viei roumiou,
Quatre pans de sargeto ?...

LOU GIBOUS.

O, croumpado oou village,
Te n'en souvenes plus ?...

LOU CHEF DEIS BERGIÉ.

> Quaouque puissant message,
Marcho d'esteis cousta, s'avanço paouc-à-paou ;
Faj silanço, gibous !... Pastre escoutas en paou.

LOU REGALA.

Es verai, qu'aco es beou ! O la fino musico,
Coumo juegoun d'accord et fant ben la replico.

> (On entend au loin le bruit d'un chant de marche accompagné d'instruments ; ce bruit augmente par degré. Ce sont les Mages suivis de leurs pages qui viennent adorer le Messie dans son berceau.)

ARRIVÉE DES MAGES A L'ETABLE DE BETHLÉEM

Air de la Marche de Turenne.

CHŒUR

L'astre saint,
Qui nous guide en chemin,
Fixant sa marche ici sur cette Etable,
L'astre saint,
Qui nous guide en chemin,
Nous dit ainsi d'arrêter notre train.
A deux genoux,
Prosternons-nous
Près du berceau de ce Messie adorable ;
Que les pasteurs,
Pleins de ferveur,
Ont salué de la voix et du cœur.

> (Ils s'agenouillent devant la crèche et font mentalement leur prière.)

L'ENFANT DE L'AVUGLE.

Moun pèro, que bonhuor qu'agues agu la visto
Per veire aquelei gent; s'avian fa veni Tisto,
Si serié regala; soun toui vesti de noou .
Et dooura de partout. Es ensin que va foou
Per veni veire Diou ! n'es pas verai, moun pèro ?
You tamben quitarai moun viésti de misèro
Per me n'en mettre un noou s'un coou sian à l'oustaou,
Va m'avez pas proumes ?

LOU GIBOUS.

Sera pas tant nigaou
De ti vesti de noou per ti douna de croyo.

LA FREMO DOOU GIBOUS.

De que ti vas mèla, teiso-ti, bouano voyo;

LOU RÉGALA.

Fai silanço, Gibous; miro d'aquelei gent
La prestanço, l'esclat et l'er intelligent,
De ma vido aviou vis un semblable équipage.

LOU GIBOUS.

N'a un de mascara; veni m'aqueou visage
Adoura lou Messio, es gaire counvenent.

LA FREMO DOOU GIBOUS.

Teiso-ti, laid coco.

L'ENFANT DE L'AVUGLE.

Moun paire, s'en anen.

L'AVUGLE, *à soun fiou*

Tu, va coumpreni ben, l'a plus ren que t'esgayo.
Davant lou nouveou na. Pemses qu'ei bellei brayo;
Mai iou mi plai d'entendre aquelei tres signour
Que vant beleou, cadun, faire eici soun discour.

GASPARD.

C'est bien vers cette étable, en pays de Judée
Où, par l'astre qui luit, notre marche guidée
Doit enfin s'arrèter. Plus de doute, c'est là,
Qu'est né le Roi des rois ! le Fils de Jéhovah
Prédit par Balaam qui, suivant le prophète,
Du royaume des cieux annonce la conquête
Promise au genre humain. Ce divin Rédempteur
De qui l'ardent amour ! le sang réparateur,

Doit, s'épanchant à flots, régénérer le monde.
Lui, le Verbe incarné, humilité profonde,
Naître dans une étable empli d'abaissement ;
Glorieux sacrifice ! Auguste enseignement
Pour les rois de la terre et les puissants du monde ;
De nos heureux destins source pure et féconde,
Ah ! qu'ici notre amour puisse vous attendrir ;
Pleins de beaux sentiments nous venons vous offrir
Des présents dont le choix convient à votre gloire.
Mais, en vous les donnant, Seigneur, devons-nous croire
Qu'ils seront acceptés environnés d'accueil.
O Fils de l'Eternel ! défiant tout orgueil,
Daignez prendre cet or que ma main vous présente,
Ce don vous est acquis, c'est l'emblème adopté
Qui manifeste aux yeux la couronne éclatante
Dont votre front est ceint brillant de majesté !

BALTHAZARD.

Seigneur, quand vous pouviez, selon votre puissance,
Nous offrir le tableau d'une illustre naissance ;
Vous avez préféré le toit du malheureux
A l'asile éclatant, au palais somptueux.
Des décrets du Très-Haut ! glorieuse victime,
Dans votre abaissement quelle grandeur sublime !
Votre berceau, Seigneur, réunit à la fois
Pour vous y vénérer, des pasteurs et des rois.
Selon vos grands destins, l'annonce du prophète,
Fut celle qu'on verrait le sceptre et la houlette
S'incliner à vos pieds, venir vous apporter
Des dons que nul mortel ne saurait mériter.
Pourrions-nous être fiers de la pourpre royale
Alors qu'à nos regards, cette masure étale
Tant de pouvoirs divins, tant de rares vertus
Dans le Verbe incarné qui porte nom : Jésus !
En cette étable sainte où la foi nous transporte,
Daignez, ô Christ ! daignez au présent que j'apporte,

Faire un accueil touchant, il me sera bien doux,
Plein d'un profond respect, tombant à vos genoux,
De vous offrir la myrrhe en attributs funèbres
Quand vous voulez, Seigneur, préserver des ténèbres
La race des mortels ! et suivant votre amour,
Lui mériter du ciel le glorieux séjour.

MELCHIOR.

Dès l'instant qu'à nos yeux nous vîmes apparaître
Le météore saint, l'astre du divin Maître
Dont l'éclat lumineux, si beau nous a ravi,
Nous l'avons pris pour guide et nous l'avons suivi
A travers champs et monts. O fortuné voyage,
Qui nous fait au Messie apporter notre hommage,
A cet Enfant divin qui misérablement.
Entre deux animaux réside en ce moment,
Et duquel nous devons admirer le problème.
Je vous adore, ô Christ !... Oui, Jésus, je vous aime !
On vous a donné l'or !... l'or, qui vient témoigner
Que vous devez au ciel, un jour, aller régner.
L'univers attentif à cette prophétie,
Attendait plein d'espoir l'adorable Messie ;
Ayant mis sans douter, sa confiance en vous,
Il bénit votre nom et tombe à vos genoux.
Je le vois se hâter le cœur plein d'allégresse,
Et venir vous offrir ses trésors de tendresse.
Des hommages pareils, sont bien faits, je le vois,
Pour plaire au Dieu fait homme !... O divin Roi des rois !
Il est bien juste ici que tout chacun vous rende
Gloire ! justice ! honneur ! Agréez mon offrande.
Pour vous louer, Seigneur, je mêle à ses présents
Le mien que je dépose à vos pieds ; c'est l'encens
De qui l'odeur suave en fumée exhalée
Monte à flots blancs et purs vers la voûte étoilée
Et va dire au Très-Haut que son Fils vénéré,
Est ici des pasteurs et des rois, adoré ! ! !

BERGERS ET ROIS AGENOUILLÉS DEVANT LA CRÈCHE DE JÉSUS.

CHANT FINAL.

Emprunté à la Liturgie et qui se dit pendant le temps de Noël.

VOIX SEULE.

Adeste fideles, læti triumphantes
Venite, venite in Bethleem.
Natum videte regem angelorum;
Venite adoremus, venite adoremus
Venite adoremus Dominum.

CHŒUR.

Natum videte etc., etc.

VOIX SEULE.

En grege relicto, humiles ad cunas
Vocati pastores approperant ;
Et nos ovanti gradu festinemus
Venite adoremus, venite adoremus.
Venite adoremus Dominum.

CHŒUR.

Et nos ovanti etc., etc.

VOIX SEULE.

Æterni parentis splendorem æternum
Velatum sub carne videbimus,
Deum Infantem pannis involutum :
Venite adoremus, venite adoremus,
Venite adoremus Dominum.

CHŒUR.

Deum infantem etc., etc.

VOIX SEULE.

Pro nobis egenum et fœno cubantem,
Piis foveamus amplexibus ;
Sic nos amantem quis non redamaret ?
Venite adoremus, venite adoremus,
Venite adoremus Dominum.

CHŒUR.

Sic nos amantem quis non redamaret ?
Venite adoremus, venite adoremus,
Venite adoremus Dominum.

(Le rideau tombe.)

FIN DE LA PASTORALE.

NOTA .—Il est facultatif aux personnes qui représenteront cette Pastorale, d'introduire entre le second acte et le troisième, la scène des Mages chez Hérode, afin de lui donner une plus longue durée s'ils le jugent nécessaire.

L'ÉTOILE DE BETHLÉEM

NOEL SUR L'AIR DE *MAGALI*

Traduit du noël provençal de Félix PEISE, mort à Toulon,
sa ville natale, le 21 décembre 1878

HOMMAGE A SA MÉMOIRE

> Despiei sept jours dins un estable
> L'Enfant de Diou n'ero neissu (1).
> F. PEISE.

Depuis sept jours, dans une étable,
Le divin Messie était né.
Et tout, d'une voix lamentable,
Plaignait son sort infortuné,
Pendant qu'un astre acheminé,
    Fait admirable !
Conduit les pasteurs au berceau
  Du Dieu nouveau.

Cette Etoile miraculeuse,
Ainsi qu'un phare indicateur,
Guide en sa marche lumineuse,
Les pas du groupe voyageur
Apportant aux pieds du Sauveur,
    Merveille heureuse !
Les plus magnifiques présents:
  L'or et l'encens.

(1) Voir ce noël à la page 153 de ses œuvres provençales publiées par
C. et A. Latil, imprimeurs-éditeurs, et illustrées par Letuaire. — Draguignan. 1873.

Ce sont trois grands rois de la terre,
Qui viennent de bien loin, bien loin,
Pour adorer dans sa misère
L'Enfant-Dieu couché sur le foin.
Prosternés, ils n'hésitent point,
     Dans la poussière,
A rendre un hommage éclatant
     Au Tout-Puissant !

Et là, l'Etoile du miracle,
Devant le Dieu de Majesté !
Remplit l'auguste Tabernacle,
De la plus brillante clarté.
Vers le Ciel, l'astre est remonté,
     Ah ! quel spectacle !
Laissant trois rayons de son feu,
     Dans le Saint-Lieu.

Ces trois rayons, sont la couronne
Qui brille au front du Rédempteur.
Mais, ce qu'en lui, bien plus rayonne,
Ce sont les bontés de son cœur !
Et pour lui rendre avec ferveur.
     Ce qu'il nous donne,
Allons adorer tour à tour
     Ce Dieu d'amour.

Entendez-vous ces bruits étranges,
Qui retentissent dans les airs :
Hymnes de paix ! chants de louanges,
Bien faits pour remplir l'Univers.
Ce sont les sublimes concerts
     Qu'au Ciel, les anges,
Font en l'honneur du Nouveau-Né,
     Verbe incarné !

L. DÉLABON.

Le 6 janvier 1879.

ŒUVRES INÉDITES

DU MÊME AUTEUR

GINÈVRE ou la Peste de Florence, drame anecdotique en quatre actes et en vers mêlés de chants.

L'ENFANT PRODIGUE, drame en trois actes et en vers, tiré de la Parabole.

HÉLOÏSE DE VALBELLE ou la Catastrophe de Montrieux, légende provençale et en vers.

LA VIERGE DANS L'HISTOIRE, poésie sacrée.

LE CHAPELET DES MUSES PROVENÇALES, ou Recueil de monuments littéraires en langue romane et provençale depuis le onzième siècle jusqu'à nos jours.

LES ACCIDENTELLES, ou Recueil de poésies diverses.